Der zunehmende Mond

Rabindranath Tagore

(Translator: Hans Effenberger)

Alpha Editions

This edition published in 2022

ISBN : 9789356903043

Design and Setting By
Alpha Editions
www.alphaedis.com
Email - info@alphaedis.com

Contents

DIE HÜTTE

Ich ging allein den Weg über das Feld, während der Sonnenuntergang sein letztes Gold wie ein Geizhals verbarg.

Des Tages Licht sank tiefer und tiefer in die Dunkelheit, und das verwitwete Land, der Ernte brach, lag schweigend.

Plötzlich stieg eines Knaben schrille Stimme in den Himmel. Er durchdrang ungesehn das Dunkel und ließ die Spur seines Liedes über der Stille des Abends.

Seine Hütte lag im Dorf am Ende des öden Landes, hinter dem Zuckerrohrfeld, verborgen in den Schatten der Bananen und der schlanken Arēka-Palme, der Kokosnuß und der dunkelgrünen Brotfruchtbäume.

Ich hielt einen Augenblick inne auf meinem einsamen Gang im Licht der Sterne und sah ausgebreitet vor mir die dunkelnde Erde, in ihren Armen zahllose Hütten mit Wiegen und Betten, Mutterherzen und Abendlampen und jungen Leben, froh von einer Freude, die nicht weiß, was sie der Welt bedeutet.

AM MEERUFER

Am Meerufer endloser Welten treffen sich Kinder.

Der grenzenlose Himmel zu Häupten ist ohne Bewegung, und das ruhlose Wasser ist ungestüm.

Am Meerufer endloser Welten treffen sich Kinder mit Jubeln und Tanzen.

Sie bauen ihre Häuser aus Sand, und sie spielen mit leeren Muscheln. Aus welken Blättern flechten sie ihre Boote und lassen sie lächelnd über der ungeheuren Tiefe treiben. Kinder haben ihr Spiel am Meerufer der Welten.

Sie können nicht schwimmen, sie können nicht Netze werfen. Perlenfischer tauchen nach Perlen, Kaufleute segeln in ihren Schiffen, während Kinder Kiesel sammeln und sie wieder verstreun. Sie suchen nicht nach verborgenen Schätzen, sie können nicht Netze werfen.

Das Meer schäumt auf in Gelächter, und fahl glänzt das Lächeln des Gestades. Todbringende Wellen singen verständnislose Balladen den

Kindern, wie eine Mutter beim Einwiegen. Das Meer spielt mit Kindern, und fahl glänzt das Lächeln des Gestades.

Am Meerufer endloser Welten treffen sich Kinder. Sturm streicht am pfadlosen Himmel, Schiffe kentern in dem spurlosen Wasser, der Tod ist unterwegs, und Kinder spielen. Am Meerufer endloser Welten ist das große Begegnen der Kinder.

DER URSPRUNG

Der Schlaf, der über des Kindleins Augen huscht – weiß jemand, woher der kommt? Ja, es geht ein Gerücht, daß er in dem Märchendorfe wohnt. Unter Waldesschatten, von Glühwürmern trüb erhellt, hängen zwei Zauberknospen. Von dort kommt er, des Kindleins Augen zu küssen.

Das Lächeln, das auf des Kindleins Lippen flackert, wenn es schläft – weiß jemand, wo das geboren ward? Ja, es geht ein Gerücht, daß ein junger, blasser Strahl des zunehmenden Mondes den Saum einer schwindenden Herbstwolke berührte, und da wurde das Lächeln zuerst geboren in dem Traum eines taureinen Morgens – das Lächeln, das auf des Kindleins Lippen spielt, wenn es schläft.

Die süße, sanfte Frische, die auf des Kindleins Gliedern blüht – weiß jemand, wo die so lange verborgen war? Ja, sie lag, als Mutter noch ein junges Mädchen war, ihr Herz durchdringend, im zarten und schweigenden Geheimnis der Liebe – die süße, sanfte Frische, die auf des Kindleins Gliedern aufgeblüht ist.

DES KINDCHENS WESEN

Wenn Kindchen nur wollte, könnte es in diesem Augenblick zum Himmel auffliegen.

Es ist nicht umsonst, daß es uns verläßt.

Es liebt es, seinen Kopf auszuruhn an Mutters Brust und kann es niemals ertragen, wenn seine Augen sie nicht sehn.

Kindchen kennt allerhand weise Worte, wenn auch Wenige auf Erden ihren Sinn verstehen können.

Es ist nicht umsonst, daß es niemals zu sprechen verlangt.

Das einzige, das es verlangt, ist Mutters Worte von Mutters Lippen zu lernen. Darum schaut es so unschuldig drein.

Kindchen hatte einen Haufen Gold und Perlen und doch kam es wie ein Bettler in diese Welt.

Es ist nicht umsonst, daß es in solcher Verkleidung kam.

Dieser liebe, kleine, nackte Bettler gibt vor, ganz hilflos zu sein, damit er um Mutters reiche Liebe betteln kann.

Kindchen war so frei von jeder Fessel im Lande des kleinen, zunehmenden Monds.

Es war nicht umsonst, daß es seine Freiheit aufgab.

Es weiß, daß Raum ist für endlose Freude in dem kleinen Winkel von Mutters Herzen und daß es viel süßer ist als Freiheit, in ihren lieben Armen gefangen und geherzt zu werden.

Kindchen wußte nichts vom Schreien. Es wohnte im Lande der vollkommenen Seligkeit.

Es ist nicht umsonst, daß es das Weinen erwählt hat.

Wenn es auch mit dem Lächeln seines lieben Gesichtes Mutters sehnendes Herz zu sich zieht, so schlingen doch seine kleinen Schreie über winzige Kümmernisse das doppelte Band von Mitleid und Liebe.

DAS UNBEACHTETE SCHAUSPIEL

Ach, wer war's, der diesen kleinen Kittel bunt färbte, mein Kind, und Deine süßen Glieder mit diesem kleinen, roten Rock bedeckte?

Du bist herausgekommen im Morgen, auf dem Hof zu spielen, torkelnd und taumelnd, wenn Du läufst.

Aber wer war's, der diesen kleinen Kittel bunt färbte, mein Kind?

Was gibt's zu lachen, Du kleine Lebensknospe?

Mutter steht auf der Schwelle und lächelt Dich an.

Sie klatscht in ihre Hände, und ihre Spangen klirren, und Du tanzest mit Deinem Bambusstock in der Hand wie ein kleinwinziger Hirte.

Aber was gibt's zu lachen, Du kleine Lebensknospe?

O Bettler, was bettelst Du, Mutters Nacken mit Deinen beiden Händen umschlingend?

O gieriges Herz, soll ich die Welt pflücken wie eine Frucht vom Himmel, um sie in Deine kleine, rosige Hand zu legen?

O Bettler, um was bettelst Du denn?

Der Wind trägt lustig das Klingen Deiner Fußschellen davon.

Die Sonne lächelt und bewundert Dein Kleid.

Der Himmel wacht über Dir, wenn Du schläfst in Mutters Armen, und der Morgen kommt auf Zehenspitzen an Dein Bett und küßt Deine Augen.

Der Wind trägt lustig das Klingen Deiner Fußschellen davon.

Die Feenkönigin der Träume kommt zu Dir durch den Dämmerhimmel geflogen.

Die Weltenmutter sitzt bei Dir in Deiner Mutter Herzen.

Er, der seine Musik den Sternen spielt, steht an Deinem Fenster mit seiner Flöte.

Und die Feenkönigin der Träume kommt zu Dir durch den Dämmerhimmel geflogen.

SCHLAFDIEBIN

Wer den Schlaf von Kindchens Augen stahl, muß ich wissen.

Den Krug auf der Hüfte, ging Mutter Wasser holen aus dem nahen Dorf.

Es war Mittag. Der Kinder Spielzeit war vorüber. Im Teich die Enten schwiegen.

Der Hirtenknab' lag eingeschlafen unter dem Schatten des Feigenbaums.

Der Kranich stand ernst und still in dem Sumpf am Mangohain.

Mittlerweile kam die Schlafdiebin, haschte den Schlaf von Kindchens Augen und flog davon.

Als Mutter heimkehrte, fand sie Kindchen auf allen Vieren durchs Zimmer kriechen.

Wer stahl von Kindchens Augen Schlaf, muß ich wissen. Ich muß sie finden und anketten. Ich muß dort in die schwarze Höhle schaun, wo durch Felsen und düstres Gestein ein kleiner Bach sickert.

Ich muß suchen in dem Schlummerschatten des Bakulahains, wo Tauben in den Verstecken gurren und Elfenringe in der Stille der Sternennächte klirren. Des abends will ich in das flüsternde Schweigen des Bambuswaldes lugen, wo Leuchtkäfer ihr Licht verschwenden, und will jedes Wesen fragen, das ich treffe: »Kann einer mir sagen, wo die Schlafdiebin wohnt?«

Wer stahl von Kindchens Augen Schlaf, muß ich wissen.

Würd' ich ihr nicht ordentlich Bescheid sagen, wenn ich sie nur erwischen könnte! Ihr Nest würd' ich überfallen und sehn, wo sie all ihren gestohlenen Schlaf hütet. Ich würde es ganz plündern und ihn heimtragen.

Ich würd' ihre zwei Flügel fest zusammenbinden, sie an das Ufer des Flusses setzen und sie dann die Fischerin spielen lassen zwischen den Binsen und Wasserlilien.

Wenn abends das Markten vorüber ist, und die Dorfkinder ihren Müttern im Schoß sitzen, werden die Nachtvögel ihr spottend in die Ohren kreischen:

»Wessen Schlaf stiehlst Du Dir jetzt?«

DER ANFANG

»Wo bin ich hergekommen, wo hast Du mich aufgelesen?« fragte das Kind seine Mutter.

Sie antwortete halb weinend, halb lachend und drückte das Kind an ihre Brust:

»Du warst verborgen in meinem Herzen als seine Sehnsucht, Liebling.

Du warst in den Puppen meiner Kinderspiele; und wenn ich aus Lehm das Bildnis meines Gottes formte jeden Morgen, dann formte und vernichtete ich Dich.

Du warst mit eingeschlossen in der Gottheit unsres Hauses; sie verehrend, verehrte ich Dich.

In all meinem Hoffen und Lieben, in meinem Leben, in dem Leben meiner Mutter hast Du gelebt.

Im Schoß des unsterblichen Geistes, der über unserm Hause waltet, bist Du genährt worden durch Menschenalter.

In meiner Mädchenzeit, da mein Herz seine Blumenblätter aufschloß, schwebtest Du als ihr Duft darüber.

Deine zarte Sanftheit blühte in meinen jugendlichen Gliedern wie ein Wolkenglühn vor Sonnenaufgang.

Himmelserwählter Liebling, Zwilling des Morgenlichts, Du bist den Strom des irdischen Lebens heruntergeschwommen und zuletzt bist Du an meinem Herzen gestrandet.

Ich schaue in Dein Gesicht, und Unfaßbares überkommt mich: Du, der allen gehört, bist mein geworden.

Vor Angst, Dich zu verlieren, halt' ich Dich eng an meine Brust. Welcher Zauber hat den Schatz der Welt in diese meine schlanken Arme verstrickt!«

KINDCHENS WELT

Ich wünsche, ich könnte eine stille Ecke haben im Herzen von Kindchens ureigenster Welt.

Ich weiß, sie hat Sterne, die zu ihm reden, und einen Himmel, der niedersteigt zu seinem Gesicht, um ihn mit seinen närrischen Wolken und Regenbogen zu vergnügen.

Solche, die tun, als wären sie stumm und dreinschaun, als könnten sie sich niemals bewegen, kommen zu seinem Fenster gekrochen mit ihren Geschichten und mit Kästen voll herrlichem Spielzeug.

Ich wünsche, ich könnte die Straße wandern, die durch Kindchens Gedanken führt, und weiter, hinaus über alle Schranken;

Wo Sendboten unterwegs sind ohne Grund zwischen den Königreichen der Könige, die keine Geschichte kennt;

Wo die Vernunft Drachen macht aus ihren Gesetzen und sie fliegen läßt, und die Wahrheit die Tat befreit von ihren Fesseln.

WANN UND WARUM

Wenn ich Dir buntes Spielzeug bringe, mein Kind, begreife ich, warum ein solches Spiel von Farben in den Wolken und auf dem Wasser ist, und warum die Blumen in Farben gemalt sind – wenn ich Dir buntes Spielzeug schenke, mein Kind.

Wenn ich singe, damit Du tanzest, weiß ich fürwahr, warum Musik in den Blättern ist, und warum Wellen ihrer Stimmen Chor zu dem Herzen der lauschenden Erde senden – wenn ich singe, damit Du tanzest.

Wenn ich Süßigkeiten bringe für Deine gierigen Händchen, weiß ich, warum Honig in dem Kelch der Blume ist, und warum Früchte heimlich mit süßem Saft gefüllt sind – wenn ich Süßigkeiten bringe für Deine gierigen Händchen.

Wenn ich Dein Gesicht küsse, damit Du lächelst, mein Liebling, begreife ich gewiß, welche Wonne vom Himmel träuft im Morgenlicht, und welch Entzücken die Sommerbrise meinem Körper bringt – wenn ich Dich küsse, damit Du lächelst.

VERLEUMDUNG

Warum sind diese Tränen in Deinen Augen, mein Kind?

Wie grausam von ihnen, Dich immer zu schelten, ohne Grund!

Du hast Dir Finger und Wangen mit Tinte beschmiert beim Schreiben – heißen sie Dich darum schmutzig?

O, pfui! Würden sie es wagen, den Vollmond schmutzig zu heißen, weil er sein Gesicht mit Tinte besudelt hat?

Wegen jeder Kleinigkeit tadeln sie Dich, mein Kind. Sie sind bereit, Fehler zu finden, ohne Grund.

Du zerreißest Deine Kleider beim Spielen – heißen sie Dich darum unordentlich?

O, pfui! Was würden sie einen Herbstmorgen heißen, der durch seine zerfetzten Wolken lächelt?

Achte nicht darauf, was sie zu Dir sagen, mein Kind.

Sie machen eine lange Liste Deiner Missetaten.

Jeder weiß, wie Du Süßigkeiten liebst – heißen sie Dich darum naschhaft?

O, pfui! Was würden sie dann uns heißen, die Dich lieben?

DER RICHTER

Sagt von ihm, was ihr wollt, ich kenne doch meines Kindes Fehler.

Ich lieb' ihn nicht, weil er gut ist, sondern weil er mein kleines Kind ist.

Woher wollt ihr wissen, wie lieb er sein kann, wenn ihr versucht, seine Tugenden gegen seine Schwächen abzuwägen?

Wenn ich ihn strafen muß, wird er um so mehr ein Teil meines Seins.

Wenn ich Ursache bin, daß ihm die Tränen kommen, weint mein Herz mit ihm.

Ich allein habe ein Recht, zu tadeln und zu strafen, denn der nur darf züchtigen, der liebt.

SPIELZEUG

Kind, wie glücklich sitzest Du im Staub und spielst mit einem zerbrochnen Zweig den ganzen Morgen.

Ich lächle über Dein Spiel mit diesem kleinwinzigen, zerbrochnen Zweiglein.

Ich bin eifrig bei meinen Rechnungen, stundenlang Zahlen zusammenzählend.

Vielleicht schaust Du auf mich und denkst: »Was für ein dummes Spiel, *damit* Deinen Morgen zu verderben?«

Kind, ich habe die Kunst vergessen, in Stöcke und Sandhügel vertieft zu sein.

Ich suche nach teurem Spielzeug und sammle Klumpen von Gold und Silber.

Was immer Du findest, Du schaffst Dir damit Deine frohen Spiele; ich verschwende meine Zeit und Kraft an Dinge, die ich niemals erreiche.

In meinem schwanken Boot kämpf' ich, der Sehnsucht Meer zu durchkreuzen und vergesse, daß auch ich ein Spiel spiele.

DER ASTRONOM

Ich sagte nur: »Wenn sich des abends der runde Vollmond in den Zweigen jenes Kadambaums verwirrte, könnte ihn da jemand fangen?«

Aber Dādā(1) lachte mich an und sagte: »Bubi, Du bist das dümmste Kind, das ich je gekannt habe.

Der Mond ist, ach so weit von uns, wie könnte ihn denn einer da fangen?«

(1) Der ältere Bruder.

Ich sagte: »Dādā, wie närrisch Du bist! Wenn Mutter hinausschaut aus ihrem Fenster und herunter lächelt auf uns beim Spielen, würdest Du sagen, sie wäre weit weg?«

Doch Dādā sagte: »Du bist ein einfältiges Kind! Bubi, wo würdest Du denn ein Netz hernehmen, groß genug, um den Mond damit zu fangen?«

Ich sagte: »Sicherlich könntest Du ihn mit Deinen Händen fangen.«

Aber Dādā lächelte und sagte: »Du bist das dümmste Kind, das ich kenne. Wenn er näher käme, würdest Du sehn wie groß der Mond ist.«

Ich sagte: »Dādā, was für Unsinn sie in Deiner Schule lehren! Wenn Mutter ihr Gesicht herunterbeugt, um uns zu küssen, schaut ihr Gesicht sehr groß aus?«

Dādā sagt aber doch: »Du bist ein dummes Kind.«

WOLKEN UND WELLEN

Mutter, das Volk, das in den Wolken droben wohnt, ruft mir zu:

»Wir spielen vom Aufwachen bis der Tag endet.

Wir spielen mit der goldnen Morgenröte, wir spielen mit dem silbernen Mond.«

Ich frage: »Aber wie kann ich zu Euch hinaufgelangen?«

Sie antworten: »Komm' an den Rand der Erde, heb' Deine Hände zum Himmel und du wirst aufgenommen werden in die Wolken.«

»Meine Mutter wartet auf mich zu Hause«, sag' ich. »Wie kann ich sie verlassen und kommen?«

Dann lächeln sie und schwimmen vorüber.

Aber ich weiß ein schöneres Spiel als das, Mutter.

Ich werde die Wolke sein und Du der Mond.

Ich werde Dich verdecken mit meinen beiden Händen und unser Giebel wird der blaue Himmel sein.

Das Volk, das in den Wellen wohnt, ruft mir zu:

»Wir singen von Morgen bis Abend; wir wandern und wandern und wissen nicht, wohin wir gleiten.«

Ich frage: »Wie soll ich mich denn zu Euch gesellen?«

Sie sagen mir: »Komm' an den Rand des Ufers und steh' mit fest geschlossenen Augen und Du wirst davongetragen werden auf den Wellen.«

Ich sage: »Meine Mutter braucht mich immer daheim des abends – wie kann ich sie verlassen und gehn?«

Dann lächeln sie, tanzen und gleiten vorüber.

Aber ich weiß ein besseres Spiel als das.

Ich will die Welle sein, und Du wirst eine fremde Küste sein.

Ich werde rollen fort und fort und fort und an Deinem Schoß zerschellen mit Gelächter.

Und niemand in der Welt wird wissen, wo wir beide sind.

DIE CHAMPABLÜTE

Denk' Dir, ich würde eine Champablüte, nur zum Scherz, und wüchse auf einem Ast hoch oben in jenem Baume und schütterte im Wind vor Lachen und tanzte auf den neu entkeimten Blättern; würdest Du mich kennen, Mutter?

Du würdest rufen: »Kindchen, wo bist Du?«, und ich würde lachen für mich und ganz stille sein.

Ich würde heimlich meine Blüte öffnen und Dir bei der Arbeit zuschaun.

Wenn Du nach dem Bad, das nasse Haar über Deine Schultern gebreitet, durch den Schatten des Champabaumes gingest zu dem kleinen Hof, in dem Du Deine Gebete sagst, würdest Du den Duft der Blume merken, aber nicht wissen, daß er von mir käme.

Wenn Du nach dem Mittagsmahl am Fenster säßest, Rāmāyana lesend, und des Baumes Schatten über Haar und Schoß Dir fiele, würd' ich Dir meinen kleinwinzigen Schatten auf die Seite Deines Buches werfen, grad dahin, wo Du liest.

Aber würdest Du raten, daß es der zarte Schatten Deines kleinen Kindes war?

Wenn Du des abends zu den Kühen gingest, mit der brennenden Lampe in der Hand, würde ich plötzlich wieder auf die Erde niederfallen und noch einmal Dein eignes Kind sein und Dich bitten, mir eine Geschichte zu erzählen.

»Wo bist Du gewesen, Du schlimmes Kind?«

»Ich mag's nicht erzählen, Mutter.« Das würden Du und ich dann sagen.

MÄRCHENLAND

Wenn die Leute wüßten, wo meines Königs Palast ist, er würde entschwinden.

Die Mauern sind von weißem Silber und das Dach von leuchtendem Gold.

Die Königin lebt in einem Palast mit sieben Höfen und sie trägt ein Juwel, das war wert allen Reichtum von sieben Königreichen.

Aber laß' es mich, Mutter, Dir flüsternd sagen, wo meines Königs Palast ist.

Er ist da in der Ecke unsrer Terrasse, dort wo der Topf mit der Tulsispflanze steht.

Die Prinzessin liegt schlafend an der weit weiten Küste der sieben unwegsamen Meere.

Es gibt keinen in der Welt, der sie finden kann, als ich.

Sie hat Spangen an ihren Armen und Perlentropfen in ihren Ohren; ihr Haar wallt nieder bis zum Boden.

Sie wird aufwachen, wenn ich sie mit meinem Zauberstab berühre, und Edelsteine werden von ihren Lippen fallen, wenn sie lächelt.

Aber laß' mich Dir ins Ohr flüstern, Mutter; sie ist da in der Ecke unsrer Terrasse, dort wo der Topf mit der Tulsispflanze steht.

Wenn es Zeit für Dich ist, zum Flusse baden zu gehn, steig' hinauf zu der Terrasse auf dem Dach.

Ich sitz' in der Ecke, wo die Schatten der Mauern zusammentreffen.

Nur Miez darf mit mir kommen, denn sie weiß, wo der Barbier aus dem Märchen wohnt.

Aber laß' mich, Mutter, Dir ins Ohr flüstern, wo der Barbier aus dem Märchen wohnt.

Es ist da in der Ecke der Terrasse, wo der Topf mit der Tulsispflanze steht.

DAS LAND DER VERBANNUNG

Mutter, das Licht ist grau geworden am Himmel; ich weiß nicht, wie spät es ist.

Mich freut mein Spiel nicht, da bin ich zu Dir gekommen. Es ist Sonnabend, unser Feiertag.

Laß' Deine Arbeit, Mutter; sitz' hier beim Fenster und erzähl' mir, wo die Wüste von Tepāntar in dem Märchen ist.

Der Regenschatten hat den ganzen langen Tag zugedeckt.

Der wilde Blitz zerkratzt den Himmel mit seinen Nägeln.

Wenn die Wolken rollen und es donnert, lieb' ich es, mich zu fürchten im Herzen und mich an Dich zu schmiegen.

Wenn der schwere Regen stundenlang auf die Bambusblätter plätschert, und unsre Fenster schüttern und klirren unter den Windstößen, sitz' ich gern allein im Zimmer, Mutter, mit Dir und hör' Dich erzählen von der Wüste Tepāntar in dem Märchen.

Wo liegt sie, Mutter, an der Küste welchen Meeres, am Fuße welcher Hügel, in wessen Königs Königreich?

Da gibt's keine Hecken, die Felder zu grenzen, keinen Fußpfad hindurch, auf dem die Dorfbewohner des abends ihr Dorf erreichen oder die Frau, die dürres Holz im Walde sammelt, ihre Bürde zu Markte bringen kann. Mit Flecken gelben Grases im Sand und einem einzigen Baum, in dem das weise, alte Vogelpaar sein Nest hat, liegt die Wüste von Tepāntar.

Ich kann mir vorstellen, wie gerade an einem so wolkigen Tage der junge Königssohn auf grauem Roß allein durch die Wüste reitet, auf der Suche nach der Prinzessin, die im Palast des Riesen über dem unbekannten Wasser gefangen liegt.

Wenn der Regennebel herunterrieselt am fernen Himmel und der Blitz aufzuckt wie ein plötzlicher Schmerz, denkt er da seiner unglücklichen Mutter, wie sie, vom König verstoßen, den Kuhstall fegt und ihre Augen wischt, während er durch die Wüste Tepāntar reitet, wie das Märchen erzählt?

Sieh', Mutter, es ist beinahe dunkel, ehe noch der Tag vorüber ist, und es gehn keine Wandrer drüben auf der Dorfstraße.

Der Hirtenknab' ist frühe heimgekommen von der Weide und die Menschen haben ihre Felder verlassen, um auf Matten zu sitzen unter der Dachtraufe ihrer Hütten, nach den dräuenden Wolken spähend.

Mutter, ich habe alle meine Bücher in dem Spinde gelassen – heiße mich nicht, jetzt meine Aufgaben machen.

Wenn ich aufwachse und groß wie mein Vater bin, werde ich alles lernen, was gelernt werden muß. Aber nur heute gerade, erzähle mir, Mutter, wo die Wüste von Tepāntar ist, von der das Märchen erzählt.

DER REGENTAG

Tückische Wolken ballen sich rasch über der schwarzen Franse des Waldes.

O Kind, geh' nicht hinaus!

Die Palmenreihe am See schlägt ihre Häupter wider den schrecklichen Himmel; die Krähen mit ihren schmutzigen Schwingen sitzen still auf den Tamarindenzweigen, und das östliche Ufer des Flusses geistert in einem verdunkelten Glühn.

Unsre Kuh muht laut, an den Zaun gebunden.

O Kind, wart' hier, bis ich sie in den Stall bringe.

Menschen drängen hinaus auf das überschwemmte Feld, um die Fische zu fangen, die aus den überflutenden Teichen entkommen; das Regenwasser rinnt in Rillen durch die engen Gassen, wie ein lachender Junge, der seiner Mutter davongerannt ist, um sie zu necken.

Horch', irgendwer ruft nach dem Bootsmann an der Furt.

O Kind, des Tages Licht ist trüb' und die Arbeit an der Fähre ruht.

Der Himmel scheint rasch zu reiten auf dem wildstürzenden Regen; das Wasser im Fluß ist laut und ungestüm; Frauen sind früh nach Haus geeilt vom Ganges mit ihren gefüllten Krügen.

Die Abendlampen müssen fertiggemacht werden.

O Kind, geh' nicht hinaus!

Die Straße zum Markt ist einsam, die Gasse zum Fluß ist schlüpfrig. Der Wind stöhnt und wütet in den Bambuszweigen wie ein wildes Tier, in einem Netz verfangen.

PAPIERSCHIFFCHEN

Tag für Tag laß' ich meine Papierschiffchen, eins nach dem andern, den eilenden Strom hinunterschwimmen.

In großen, schwarzen Buchstaben schreib' ich meinen Namen darauf und den Namen des Dorfes, wo ich lebe.

Ich hoffe, daß irgendwer in einem fremden Land sie finden wird und wissen, wer ich bin.

Ich belade meine kleinen Boote mit Shiuliblumen aus unserm Garten und hoffe, daß diese Blüten der Dämmerung heil ans Land getrieben werden zur Nacht.

Ich lichte meine Papierschiffchen und schaue hinauf in den Himmel und sehe die kleinen Wolken ihre weißen, blähenden Segel setzen.

Ich weiß nicht, wer von meinen Gespielen im Himmel sie hinunterschickt durch die Luft, damit sie wettlaufen mit meinen Booten!

Wenn Nacht kommt, vergrabe ich mein Gesicht in meine Arme und träume, daß meine Papierschiffchen weiter und weiter treiben unter den Mitternachtssternen.

Die Schlafelfen segeln darin, und die Ladung sind ihre Körbe voll Träume.

DER SEEMANN

Das Boot des Bootsmannes Madhu ist an der Werft von Rajgunj verankert.

Es ist unnütz beladen mit indischem Flachs und liegt schon so lange zwecklos da.

Wenn er mir nur sein Boot leihen wollte, ich würd' es mit hundert Rudrern bemannen und Segel hissen, fünf oder sechs oder sieben.

Ich würd' es nicht nach dummen Märkten steuern.

Ich würde über die sieben Meere segeln und die dreizehn Flüsse des Märchenlandes.

Gelt Mutter, Du würdest nicht weinen, um mich in einer Ecke?

Ich geh' nicht in den Wald wie Rāmachandra, um erst nach vierzehn Jahren heimzukehren.

Ich werde der Märchenprinz sein und mein Boot füllen, mit allem, was mir gefällt.

Ich werde meinen Freund Ashu mit mir nehmen. Wir werden frohlustig über die sieben Meere segeln und die dreizehn Flüsse des Märchenlands.

Wir werden die Segel setzen im frühen Morgenlicht.

Wenn Du des mittags am Teiche badest, werden wir im Land eines fremden Königs sein.

Wir werden die Furt von Tipurni passieren und hinter uns lassen die Wüste von Tepāntar.

Wenn wir heimkommen, wird es anfangen zu dunkeln, und ich werde Dir von allem erzählen, was wir gesehen haben.

Ich werde die sieben Meere kreuzen und die dreizehn Flüsse des Märchenlandes.

DAS ANDERE UFER

Ich möchte hinübergehn an das Ufer des Flusses drüben,

Wo jene Boote angeseilt sind an die Bambuspfähle in einer Reihe;

Wo Männer in ihren Booten überfahren in der Frühe, mit Pflügen auf ihren Schultern, ihre Felder weit draußen zu ackern;

Wo die Kuhhirten ihre blökenden Kälber über den Strom schwimmen lassen nach den Uferweiden;

Von wo sie alle heimkommen am Abend und lassen auf der Insel, der von Unkraut überwucherten, die heulenden Schakale zurück.

Mutter, erlaubst Du's, so würd' ich gern Bootsmann bei der Fähre werden, wenn ich einmal groß bin.

Sie sagen, es sind seltsame Sümpfe verborgen hinter jenem Ufer,

Wo Schwärme wilder Enten hinkommen, wenn die Regen vorüber sind, und dickes Rohr wächst um die Ränder, da Wasservögel ihre Eier legen;

Wo Schnepfen mit ihren tanzenden Schwänzen ihre kleinen Zehenmale in den reinen, weichen Schlamm drücken;

Wo im Abend die hohen Gräser, mit weißen Blüten behelmt, den Mondstrahl einladen, auf ihren Wogen zu spielen.

Mutter, erlaubst Du's, so würd' ich gern Bootsmann bei der Fähre werden, wenn ich einmal groß bin.

Ich werde hinüber- und herüberfahren von Ufer zu Ufer, und alle die Jungen und Mädchen im Dorf werden mich anstaunen, während sie baden.

Wenn die Sonne des Himmels Mitte erklimmt und der Morgen in den Mittag vergeht, werde ich nach Hause gelaufen kommen und sagen: »Mutter, ich habe Hunger!«

Wenn der Tag um ist und die Schatten unter den Bäumen kauern, werd' ich im Dämmern heimkommen.

Ich werde nie weggehen von Dir, in die Stadt arbeiten, wie Vater.

Mutter, erlaubst Du's, so würd' ich gern Bootsmann bei der Fähre werden, wenn ich einmal groß bin.

DIE BLUMENSCHULE

Wenn Sturmwolken am Himmel rumoren und Junischauer herunterkommen,

Kommt der feuchte Ostwind über die Heide marschiert, um seinen Dudelsack im Bambusgeröhr zu pfeifen.

Dann kommen auf einmal Scharen von Blumen heraus – weiß niemand woher – und tanzen auf dem Gras in wilder Lust.

Mutter, wirklich, ich denke, die Blumen gehn unter der Erde zur Schule.

Sie machen ihre Aufgaben bei geschlossenen Türen, und wenn sie herauskommen wollen, zu spielen, eh' ihre Zeit ist, läßt sie der Lehrer in einer Ecke stehn.

Wenn die Regen kommen, haben sie ihre Ferien.

Zweige prasseln zusammen im Walde, und die Blätter rascheln im wilden Wind, die Donnerwolken klatschen ihre Riesenhände, und die Blumenkinder stürzen heraus in Kleidern rosig und gelb und weiß.

Weißt Du, Mutter, ihre Heimat ist im Himmel, wo die Sterne sind.

Hast Du nicht gemerkt, wie gierig sie sind, dahin zu gelangen? Weißt Du nicht, warum sie in solcher Eile sind?

Freilich, ich kann's erraten, zu wem sie ihre Hände erheben: sie haben ihre Mutter, wie ich die meine hab'.

DER KAUFMANN

Stell' Dir vor, Mutter, daß Du zu Hause bleiben müßtest, und ich müßte in fremde Länder reisen.

Stell' Dir vor, daß mein Boot bereitliegt an der Brücke, voll geladen.

Nun denk' gut nach, Mutter, eh' Du sagst, was ich mitbringen soll für Dich, wenn ich zurückkomme.

Mutter, willst Du Haufen und Haufen von Gold?

Dort an den Ufern goldener Ströme sind Felder voll goldener Ernten.

Und in den Schatten des Waldpfads tropfen die goldnen Champablüten auf den Weg.

Ich will sie sammeln, alle für Dich, in vielen hundert Körben.

Mutter, willst Du Perlen so groß wie Regentropfen im Herbst?

Ich will hinüberfahren nach der Perleninsel.

Dort zittern im frühen Morgenlicht Perlen auf den Wiesenblumen, Perlen tropfen ins Gras, und Perlen sind verspritzt im Sand vom Gischt der wilden Meereswogen.

Mein Bruder soll ein Paar Rösser haben mit Flügeln, um mit den Wolken zu fliegen.

Für Vater werd' ich eine Zauberfeder mitbringen, die, ohne daß er es weiß, von selber schreiben wird.

Für dich, Mutter, muß ich das Kästlein und das Kleinod haben, das sieben Königen ihre Königreiche kostet.

MITGEFÜHL

Wenn ich nur ein kleines Hündchen wäre, nicht Dein Kindchen, Mutter lieb, würdest Du »Nein« zu mir sagen, wenn ich es wagte, von Deiner Schüssel zu essen?

Würdest Du mich wegjagen, zu mir sagend: »Mach' Dich fort, Du garstiges, kleines Hündchen?«

Dann geh', Mutter, geh'! Ich will nie mehr zu Dir kommen, wenn Du mich rufst, und mich nicht mehr von Dir füttern lassen.

Wenn ich nur ein kleiner, grüner Papagei wäre und nicht Dein Kindchen, Mutter lieb, würdest Du mich an der Kette halten, damit ich nicht wegfliegen kann?

Würdest Du mir mit dem Finger drohen und sagen: »Was für ein undankbarer Racker von einem Vogel! Er knabbert an seiner Kette Tag und Nacht?«

Dann geh', Mutter, geh'! Ich will fortlaufen in den Wald; ich will nicht mehr, daß Du mich wieder in Deine Arme nimmst.

BERUF

Wenn der Gong zehn schlägt des morgens und ich wandre unsre Gasse zur Schule,

Treffe ich jeden Tag den Händler, schreiend: »Ringe, kristallne Ringe!«

Es gibt nichts, das ihn zur Eile treibt, es gibt keinen Weg, den er nehmen, keinen Ort, nach dem er gehen, keine Zeit, zu der er heimkommen muß.

Ich wünschte, ich wäre ein Händler und verbrächte meinen Tag auf der Straße, schreiend: »Ringe, kristallne Ringe!«

Wenn ich um vier des nachmittags zurückkomme aus der Schule,

Kann ich durch das Tor jenes Hauses den Gärtner die Erde graben sehn.

Er tut, was er will mit seinem Spaten, beschmutzt seine Kleider mit Staub, keiner stellt ihn zur Rede, wenn er gebraten wird in der Sonne oder naß wird.

Ich wünschte, ich wäre ein Gärtner, drauflosgrabend im Garten, und keiner hielte mich ab vom Graben.

Just wenn es dunkel wird am Abend und meine Mutter mich zu Bett schickt,

Kann ich durch das offne Fenster den Wächter sehn auf und abschreiten.

Die Gasse ist dunkel und einsam, und die Straßenlampe steht wie ein Riese mit einem roten Auge im Kopf.

Der Wächter schwingt seine Laterne und schreitet mit seinem Schatten zur Seite und geht nicht *ein*mal zu Bett in seinem Leben.

Ich wünschte, ich wäre ein Wächter, die Straßen schreitend alle Nacht, und scheuchte die Schatten mit meiner Laterne.

ÜBERLEGEN

Mutter, Dein Töchterchen ist dumm! Sie ist so schrecklich kindisch!

Sie weiß nicht den Unterschied zwischen den Lichtern auf der Straße und den Sternen.

Wenn wir »Essen« mit Kieseln spielen, glaubt sie, sie sind wirkliche Speise und versucht, sie in ihren Mund zu stecken.

Wenn ich ein Buch aufmache vor ihr und sie ihr ABC lernen heiße, zerreißt sie die Blätter mit ihren Händen und brüllt vor Freude über nichts. Das ist die Art, wie Dein Töchterchen ihre Aufgaben macht.

Wenn ich den Kopf über sie schüttle in Ärger und sie schelte und sie schlimm nenne, lacht sie und hält es für einen Hauptspaß.

Jeder weiß, daß Vater fort ist, aber wenn ich im Spiel laut »Vater« rufe, schaut sie herum in Aufregung und denkt, daß Vater nahe ist.

Wenn ich Schule spiele mit den Eseln, die unser Wäschemann bringt, um Wäsche zu holen, und ich drohe ihr, daß ich der Lehrer bin, wird sie kreischen ohne Grund und mich Dādā nennen.

Dein Töchterchen will den Mond fangen. Sie ist so drollig, sie nennt: Ganesh Ganush.

Mutter, Dein Töchterchen ist dumm, sie ist so schrecklich kindisch!

DER KLEINE GROSSE MANN

Ich bin klein, weil ich ein kleines Kind bin. Ich werde groß sein, wenn ich so alt bin wie mein Vater ist.

Mein Lehrer wird kommen und sagen: »Es ist spät; bring' Deine Tafel und Deine Bücher.«

Ich werd' ihm antworten: »Weißt Du nicht, daß ich so groß bin wie Vater? Und ich muß keine Stunden mehr haben.«

Mein Lehrer wird sich wundern und sagen: »Er kann seine Bücher lassen, wenn er will, er ist ja erwachsen.«

Ich werde mich anziehn und zum Jahrmarkt spazieren, wo das Gewühl am dichtesten ist.

Mein Onkel wird auf mich zugestürzt kommen und sagen: »Du wirst verloren gehn, mein Junge; laß' mich Dich tragen.«

Ich werde antworten: »Kannst Du nicht sehen, Onkel, ich bin so groß wie Vater. Ich muß allein auf den Jahrmarkt gehn.«

Onkel wird sagen: »Ja, er kann gehn, wohin er will; er ist erwachsen.«

Mutter wird vom Bade kommen, wenn ich meiner Amme Geld gebe; denn ich weiß, wie sich die Büchse aufmachen läßt mit meinem Schlüssel.

Mutter wird sagen: »Was hast Du vor, Du schlimmes Kind?«

Ich werd' ihr erwidern: »Mutter, weißt Du nicht, ich bin so groß wie Vater und ich muß meiner Amme Silber geben.«

Mutter wird zu sich sagen: »Er kann Geld geben, wem er will; er ist ja erwachsen.«

In der Ferienzeit im Oktober wird Vater heimkommen und, weil er meint, daß ich noch ein kleines Kind bin, wird er für mich aus der Stadt kleine Schuhe und kleine seidene Röcklein mitbringen.

Ich werde sagen: »Vater, gib sie meinem Dādā, denn ich bin so groß wie Du bist.«

Vater wird denken und sagen: »Er kann seine eignen Kleider kaufen, wenn er will; er ist ja erwachsen.«

ZWÖLF UHR

Mutter, ich will jetzt aufhören mit meinen Aufgaben. Ich habe den ganzen Morgen über meinen Büchern gesessen.

Du sagst, es ist erst zwölf Uhr. Angenommen, es ist nicht später: kannst Du Dir niemals denken, es ist Nachmittag, wenn es nur zwölf Uhr ist?

Ich kann mir leicht vorstellen jetzt, daß die Sonne den Rand jenes Reisfeldes erreicht hat, und daß die alte Fischerfrau Kräuter sammelt für ihr Nachtmahl, drüben am Teich.

Ich kann meine Augen fest zumachen und denken, daß die Schatten dunkler werden unter dem Madarbaum und das Wasser im Teich glänzend schwarz aussieht.

Wenn zwölf Uhr in der Nacht kommen kann, warum kann die Nacht nicht kommen, wenn es zwölf Uhr ist?

SCHRIFTSTELLEREI

Du sagst, daß Vater eine Menge Bücher schreibt, aber was er schreibt, versteh' ich nicht.

Er hat Dir den ganzen Abend vorgelesen, aber konntest Du wirklich herausbekommen, was er meinte?

Welch schöne Märchen, Mutter, kannst *Du* uns erzählen! Warum kann Vater nicht solche schreiben?

Hat er niemals von seiner eignen Mutter Märchen gehört von Riesen und Elfen und Prinzessinnen?

Hat er sie alle vergessen?

Oft, wenn er spät kommt zum Baden, mußt Du gehn und ihn hundertmal rufen.

Du wartest und hältst sein Essen warm für ihn, und er schreibt weiter und vergißt.

Vater spielt immer Büchermachen.

Wenn ich je spielen gehe in Vaters Zimmer, kommst Du und rufst mich: »Was für ein schlimmes Kind!«

Wenn ich den leisesten Lärm mache, sagst Du: »Siehst Du nicht, daß Vater arbeitet?«

Was hat das für Sinn, schreiben und immer schreiben?

Wenn ich Vaters Feder oder Bleistift nehme und in sein Buch schreibe, gerade wie er – a, b, c, d, e, f, g, h, i, –, warum wirst Du dann böse mit mir, Mutter?

Du sagst nie ein Wort, wenn Vater schreibt.

Wenn mein Vater solche Haufen Papier verschwendet, Mutter, scheint es Dich gar nicht zu stören.

Wenn ich aber nur *einen* Bogen nehme, um mir ein Schiff draus zu machen, sagst Du: »Kind, wie Du einen quälst!«

Was hältst Du von Vaters Bogen und Bogenverderben mit schwarzen Zeichen, über und über auf beiden Seiten?

DER BÖSE POSTBOTE

Warum sitzest Du hier auf dem Boden so still und schweigend, sag' mir, Mutter lieb?

Der Regen kommt herein durch das offene Fenster, macht Dich ganz naß, und Du merkst es gar nicht.

Hörst Du den Gong vier schlagen? Es ist Zeit für meinen Bruder, daß er heimkommt aus der Schule.

Was ist Dir geschehn, daß Du so fremd ausschaust?

Hast Du heut keinen Brief von Vater bekommen?

Ich sah den Postboten Briefe bringen in seinem Sack, für jeden fast in der Stadt.

Nur Vaters Briefe behält er, um sie selber zu lesen. Ich bin gewiß, der Postbote ist ein böser Mann.

Aber sei nicht unglücklich darüber, Mutter lieb.

Morgen ist Markttag im nächsten Dorf. Du sagst Deinem Mädchen, daß sie Federn und Papier kauft.

Ich selbst will Vaters Briefe schreiben; Du wirst nicht einen einzigen Fehler finden.

Ich werde vom A drauf los bis zum K schreiben.

Doch, Mutter, was lächelst Du?

Du glaubst nicht, daß ich so schön schreiben kann wie Vater?

Aber ich werde mein Papier sorgfältig linieren und alle Buchstaben schön groß schreiben.

Wenn ich mein Schreiben fertig habe, meinst Du, werd' ich so dumm sein und es hineinwerfen in des gräßlichen Postboten Sack?

Ich werd' es Dir selber bringen, ganz rasch, und Dir Brief für Brief meine Schrift lesen helfen.

Ich weiß, der Postbote gibt Dir nicht gern die wirklich netten Briefe.

DER HELD

Mutter, denk' Dir, wir reisen und kommen durch ein fremdes und gefährliches Land.

Du reisest in einem Palankin, und ich trabe neben Dir auf einem roten Pferd.

Es ist Abend, und die Sonne geht unter. Die Wüste von Joradighi liegt fahl und grau vor uns. Das Land ist öd und brach.

Du bist erschreckt und denkst: »Ich weiß nicht, wohin wir geraten sind.«

Ich sage zu Dir: »Mutter, hab' keine Angst.«

Die Wiese prickelt vor spitzigem Gras, und drüber läuft ein schmaler, holpriger Pfad.

Kein Vieh ist zu sehn auf dem weiten Feld; es ist in seine Ställe heimgekehrt.

Es wird dunkel und düster auf Land und Himmel, und wir können's nicht sagen, wohin wir gehn.

Plötzlich rufst Du und fragst mich flüsternd: »Was für ein Licht ist dort am Ufer?«

Just da gellt ein furchtbarer Schrei, und Gestalten kommen laufend auf uns zu.

Du sitzest zusammengekauert in Deinem Palankin und wiederholst betend die Namen der Götter.

Die Träger, vor Schrecken zitternd verstecken sich im Dornenbusch.

Ich schrei' Dir zu: »Hab' keine Angst, Mutter, ich bin da!«

Mit langen Stöcken in den Händen und ganz wild flatterndem Haar um ihre Schädel kommen sie näher und näher.

Ich schreie: »Seht Euch vor, Ihr Schurken! Einen Schritt weiter und Ihr seid des Todes!«

Sie stoßen noch einmal ein schreckliches Geheul aus und stürzen vorwärts.

Du packst meine Hand und sagst: »Lieber Junge, um Himmels willen, halt' Dich fern von ihnen!«

Ich sage: »Mutter, gib Du nur Obacht auf mich.«

Dann sporn' ich mein Roß zu wildem Galopp, und mein Schwert und Schild klirren aneinander.

Der Kampf wird so gräßlich, Mutter, daß Dich ein kalter Schauer überliefe, wenn Du ihn sehen könntest von Deinem Palankin.

Viele von ihnen fliehn, und eine große Zahl ist in Stücke gehaun.

Ich weiß, Du denkst, ganz versunken in Dich, Dein Junge muß tot sein in dieser Stunde.

Aber ich komme zu Dir, ganz mit Blut befleckt und sage: »Mutter, nun ist der Kampf vorüber.«

Du kommst heraus und küssest mich, drückst mich an Dein Herz und sagst zu Dir selbst:

»Ich weiß nicht, was ich tun würde, wenn ich nicht meinen Jungen zum Geleit hätte.«

Tausend nutzlose Dinge geschehen Tag für Tag, warum könnte nicht so etwas zufällig wahr werden?

Es würde wie eine Geschichte in einem Buch sein.

Mein Bruder würde sagen: »Ist das möglich? Ich dachte immer, er wäre so zart!«

Unsre Dorfleute würden alle in Verwunderung sagen: »War es nicht ein Glück, daß der Junge mit seiner Mutter war?«

DAS ENDE

Es ist Zeit für mich, zu gehen, Mutter. Ich gehe.

Wenn Du im fahlen Dunkel der einsamen Dämmerung Deine Arme ausstreckst nach Deinem Kindchen im Bett, werde ich sagen: »Kindchen ist nicht da!« – Mutter, ich gehe.

Ich werde ein zarter Lufthauch werden und Dich liebkosen; und ich werde das Kräuseln auf dem Wasser sein, wenn Du badest, und Dich küssen und wieder küssen.

In der Sturmnacht, wenn der Regen auf die Blätter prasselt, wirst du mein Flüstern hören in Deinem Bett, und mein Lachen wird mit dem Blitz durchs offne Fenster in Dein Zimmer leuchten.

Wenn Du wach liegst, an Dein Kindchen denkend bis spät in die Nacht, werd' ich singen zu Dir von den Sternen: »Schlaf, Mutter, schlaf.«

Auf den irrenden Mondstrahlen werd' ich mich über Dein Bett stehlen und auf Deiner Brust liegen, während Du schläfst.

Ich werde ein Traum werden und durch die kleine Öffnung Deiner Augenlider werd' ich in die Tiefen Deines Schlafes schlüpfen; und wenn Du aufwachst und bestürzt herumschaust, werd' ich wie ein glitzernder Leuchtkäfer hinaus ins Dunkle schwirren.

Wenn zum großen Puja-Feste die Nachbarskinder kommen und herumspielen im Haus, werd' ich in die Musik der Flöte schmelzen und in Deinem Herzen schlagen den ganzen Tag.

Die liebe Muhme wird kommen mit Puja-Geschenken und wird fragen: »Wo ist unser Kindchen, Schwester?«

Mutter, Du wirst ihr leise sagen: »Er ist in den Sternen meiner Augen, er ist in meinem Körper und in meiner Seele.«

KOMM ZURÜCK!

Die Nacht war schwarz als *sie* fortging, und sie schliefen.

Die Nacht ist schwarz jetzt, und ich rufe nach *ihr*: »Komm zurück, mein Liebling; die Welt liegt im Schlaf; und niemand würde wissen, wenn Du kämst für eine Weile, während die Sterne den Sternen zublinken.«

Sie ging weg, als die Bäume in Knospen standen und der Lenz jung war.

Nun sind die Blumen in voller Blüte und ich rufe: »Komm zurück, mein Liebling. Die Kinder sammeln Blumen und verstreun sie in unbekümmertem Spiel. Und wenn Du kämest und nähmest *eine* kleine Blüte, es würde sie keiner vermissen.«

Die damals spielten, spielen noch, so verschwenderisch ist Leben.

Ich lauschte ihrem Plaudern und rufe: »Komm zurück, mein Liebling; denn Mutters Herz ist voll bis an den Rand mit Liebe, und wenn Du kämest, nur einen einzigen kleinen Kuß zu haschen von ihr, es würde Dir's niemand neiden.«

DER ERSTE JASMIN

Ah, dieser Jasmin, dieser weiße Jasmin!

Mir ist wie am ersten Tag, da ich meine Hände füllte mit diesem Jasmin, diesem weißen Jasmin.

Ich habe die Sonne geliebt, den Himmel und die grüne Erde.

Ich habe das rieselnde Rauschen des Flusses gehört durch das Dunkel der Mitternacht;

Herbstsonnenuntergänge sind zu mir gekommen an eines Weges Biegung in einsamer Öde wie eine Braut, den Schleier hebend zum Empfang des Geliebten.

Und doch ist mein Erinnern noch süß von dem ersten weißen Jasmin, den ich in meiner Hand hielt, als ich ein Kind war.

Manch' froher Tag ist in mein Leben gekommen, und ich habe gelacht mit Spaßmachern in festlichen Nächten.

An grauen Regenmorgen hab' ich manch' müßig Lied gesummt.

Ich habe um meinen Nacken getragen den Abendkranz aus Bakulas, von Händen der Liebe geflochten.

Und doch ist mein Herz süß von dem Erinnern an den ersten frischen Jasmin, der meine Hände füllte, als ich ein Kind war.

DER FEIGENBAUM

O Du zottelköpfiger Feigenbaum am Ufer des Teichs, hast Du den kleinen Jungen vergessen wie die Vögel, die in Deinen Zweigen genistet haben und Dich verließen?

Erinnerst Du Dich nicht, wie er am Fenster saß und sich wunderte über das Gewirr Deiner Wurzeln, die unter die Erde tauchten?

Die Frauen kamen immer, ihre Krüge zu füllen am Teich, und Dein riesiger, schwarzer Schatten räkelte sich über das Wasser wie Schlaf, der sich anstrengt, aufzuwachen.

Sonnenlicht tanzte auf den Wasserwirbeln wie ruhlose, winzige Weberschiffchen, die eine goldne Tapete wirken.

Zwei Enten schwammen am verwilderten Rande über ihren Schatten und der Junge saß still und sann.

Er wollte der Wind sein und durch Deine rauschenden Zweige blasen, Dein Schatten sein und mit dem Tage länger werden auf dem Wasser, ein Vogel sein und auf Deinem höchsten Wipfel sitzen, und wie jene Enten unter Unkraut und Schatten schwimmen.

SEGNUNG

Segne dies kleine Herz, diese weiße Seele, die des Himmels Kuß für unsere Erde gewonnen hat.

Er liebt das Licht der Sonne, er liebt den Anblick von seiner Mutter Antlitz.

Er hat mich gelehrt, den Staub verachten und nach Gold trachten.

Schließ' ihn an Dein Herz und segne ihn.

Er ist in dieses Land der hundert Kreuzwege gekommen.

Ich weiß nicht, wieso er Dich wählte aus der Menge, an Dein Tor kam und Deine Hand faßte, um seinen Weg zu fragen.

Er wird Dir folgen, lachend und plaudernd und ohne Zweifel im Herzen.

Erfüll' sein Vertrauen, führe ihn zum Rechten und segne ihn.

Leg' Deine Hand auf sein Haupt und bete: wenn auch die Wogen unten bedrohlich werden, so möge doch der Odem von oben kommen und seine Segel füllen und ihn in den Hafen des Friedens wehn.

Vergiß' ihn nicht in Deinem Hasten, laß' ihn an Dein Herz kommen und segne ihn.

DAS GESCHENK

Ich möchte Dir was schenken, mein Kind, denn wir treiben auf dem Strom der Welt.

Unsre Leben werden auseinandergehn und unsre Liebe wird vergessen werden.

Aber ich bin nicht so töricht, zu hoffen, ich könnte Dein Herz mit meinen Geschenken kaufen.

Jung ist Dein Leben, Dein Pfad lang, und Du trinkst die Liebe, die wir Dir bringen, auf einen Zug, kehrst Dich um und läufst weg von uns.

Du hast Dein Spiel und Deine Gespielen. Was tut's, wenn Du nicht Zeit, nicht Sinn für uns hast.

Fürwahr, wir haben Muße genug im Alter, die Tage zu zählen, die vergangen sind, in unseren Herzen zu hätscheln, was unsre Hände für immer verloren haben.

Der Fluß läuft schnell mit einem Lied, alle Schranken durchbrechend. Aber der Berg steht und erinnert sich und folgt ihm mit seiner Liebe.

MEIN LIED

Dies Lied von mir will seine Musik winden um Dich, mein Kind, wie die zärtlichen Arme der Liebe.

Dies Lied von mir will Deine Stirn berühren wie ein Segenskuß.

Wenn Du allein bist, wird es an Deiner Seite sitzen und Dir ins Ohr flüstern; bist Du in der Menge, wird es Dich einfrieden mit Entrücktheit.

Mein Lied wird ein Flügelpaar für Deine Träume sein, es wird Dein Herz an die Grenze des Unbekannten reißen.

Es wird wie der getreue Stern zu Häupten sein, wenn finstre Nacht über Deiner Straße liegt.

Mein Lied wird in den Sternen Deiner Augen sitzen und Deinen Blick in das Herz der Dinge führen.

Und wenn meine Stimme still ist im Tod, wird mein Lied in Dein lebendes Herz sprechen.

DER ENGEL

Sie schreien und kämpfen, sie zweifeln und verzweifeln, sie wissen kein Ende ihren Zänken.

Laß' Dein Leben unter sie kommen wie eine Flamme Licht, mein Kind, ohne Flackern und rein, und entzücke sie zum Schweigen.

Sie sind grausam in ihrer Gier und ihrem Neid; ihre Worte sind wie verborgene Messer, dürstend nach Blut.

Geh' und stelle Dich unter ihre schelen Herzen, mein Kind, und laß' Deine milden Augen auf sie fallen wie der verzeihende Abendfriede über den Streit des Tags.

Laß' sie Dein Antlitz sehn, mein Kind, und so den Sinn aller Dinge erkennen; laß' sie Dich lieben und so einander lieben.

Komm' und wohne im Busen der Unendlichkeit, mein Kind. Mit Sonnenaufgang öffne und erhebe Dein Herz wie eine blühende Blume, und zum Untergang neige Dein Haupt und vollende im Schweigen des Tages Gottesdienst.

DER LETZTE VERTRAG

»Komm und miete mich«, schrie ich, als ich des Morgens auf der steingepflasterten Straße ging.

Das Schwert in der Hand, kam der König in seinem Wagen.

Er hielt meine Hand und sagte: »Ich will Dich mieten mit meiner Macht.«

Aber seine Macht war mir nichts wert, und er fuhr davon in seinem Wagen.

In der Hitze des Mittags lehnten die Häuser mit geschlossenen Türen.

Ich wanderte entlang die krumme Gasse.

Ein alter Mann kam heraus mit seinem Sack voll Gold.

Er sann nach und sagte: »Ich will Dich mieten mit meinem Geld.«

Er wog seine Münzen, eine nach der andern, aber ich wandte mich fort.

Abend war's. Die Gartenhecke stand ganz in Blüte.

Das liebliche Mädchen kam heraus und sagte: »Ich will Dich mieten mit einem Lächeln.«

Ihr Lächeln blaßte und schmolz in Tränen, und sie ging zurück allein im Dunkel.

Die Sonne glitzerte im Sand, und die Meereswellen brachen landeinwärts.

Ein Kind saß da, mit Muscheln spielend.

Es hob seinen Kopf und schien mich zu kennen und sagte: »Ich miete Dich mit Nichts.«

Von da an machte mich dieser Vertrag, im Kinderspiel geschlossen, zum freien Mann.

ANMERKUNGEN UND NACHWORT DES ÜBERSETZERS

Zu Seite

7: *Arēka-Palme* (malayisch arik). Eine Abart, Arēca cātechu, die Betelpalme, trägt orangerote, hühnereigroße Früchte, deren Kern, mit den Blättern des Betelpfeffers umwickelt, gekaut wird.

Kokos-Palme (von spanisch coca »Nuß« oder portugiesisch coco »Popanz« wegen der gesichtsähnlichen, daher schreckhaften Früchte). Die Kokosnuß gehört in Indien zu den heiligsten Früchten, die der Göttin der Wohlfahrt, Sriphāla, geweiht sind.

Brotfruchtbaum (englisch jack-fruit aus malayisch chakka; sanskrit pānasa). Die kopfgroßen Früchte werden roh und geröstet genossen. 2 bis 3 Bäume versorgen einen Menschen ein Jahr mit Nahrung.

20: *Feigenbaum* (englisch banyan tree, sanskrit vaṭa; ficus indica). Die Luftwurzeln der Äste greifen in den Boden ein und werden zu neuen Stämmen. So wächst der Baum nach allen Seiten hin durch Jahrtausende und bildet einen Wald, der Tausende von Menschen aufnimmt. Er ist der Zeit, Kāla, heilig und gilt als Sinnbild der Unsterblichkeit. Beim Pflanzen des Baumes wird gewöhnlich das Gebet gesprochen: »Möchte ich so viele Jahre im Himmel weilen als dieser Baum auf Erden wächst.«

Mango (malayisch māngāy, sanskrit āmra; magnifera indica). Gelbblühender Baum mit gelblichen, bis zu einem Kilo schweren Früchten, die ein beliebtes Obst sind. Der Ārmra gilt als Inkarnation der Liebesgöttin. Nach einer

Legende übte die Göttin Pārvati unter einem Mangobaum Buße, dort, wo jetzt der Ṡaiva-Tempel steht. Hier erschien ihr ihr Gatte Ṡiva, der als Ekāmranātha »der unvergleichliche Herr des Mangobaums« verehrt wird.

21: *Bakula* (mimusops elengi), Baum mit wohlriechenden Blättern und Blüten, die ein ätherisches Öl liefern. Die süßen Früchte sind eßbar.

35: *Kadam* (sanskrit Kadamba; nauclea cadamba), Liane mit orangefarbener duftender Blüte.

Dādā (Hindustani), Großvater väterlicherseits, dann auf jede ältere Person angewendet, hier: der ältere Bruder.

40: *Champa* (sanskrit champaka; michelia champaka), den Magnolien ähnliche Holzgewächse mit duftenden, zarten, weißen und gelben Blüten, die Götzenbildern dargebracht werden, besonders am 14. Iyeshṭh (ungefähr unserm Juni entsprechend). Das wohlriechende Champakaöl ist sehr beliebt.

41: *Rāmāyana* (sanskrit ayana = gehend, vonay = gehen), »Die Taten des Rama«. Das große Sanskrit-Epos, das dem Vālmiki zugeschrieben wird und im 5. Jahrh. v. Chr. entstanden sein dürfte. Vgl. Alex. Baumgartner, das Rāmāyana und die Rāma-Literatur der Inder. Freiburg 1894.

43: *Tulsi* (sanskrit tulasi; ocimum sanctum), heiliges Basilikum. In Ostindien berühmteste Arzneipflanze, der Legende nach aus dem Haar einer Nymphe erzeugt, die Vishnu in seiner Inkarnation als Krishna liebte. Vaisnawa-Rosenkränze bestehen aus 108 Perlen von diesem Holz. Alljährlich wird in Indien eine Art Vermählungszeremonie zwischen dieser Pflanze und einem Salagramammoniten (versteinerte, ausgestorbene Tintenschneckenart, Symbol des Vishnu und als Amulett weiblicher Fruchtbarkeit) als Sinnbild der Muschelinkarnation Vishnus vollzogen.

50: *Tamarinde* (arabisch tamr hindi, indische Dattel; tamarindus indica), bis zu 25 Metern hoher, immergrüner Baum mit gelblichen, purpurgeäderten Blüten. Die Frucht wird als Obst, Nahrungs- und Arzneimittel verwendet.

53: *Shiuli* (bengali; nyctanthes arbor tristis), Gattung der Oleaceen. Bis zu 9 Metern hoher Baum oder Strauch, vom Jasmin hauptsächlich durch Blütenfarbe (Röhre und Schlund orange, sonst weiß) und Fruchtform verschieden. Tropische Zierpflanze mit wohlriechenden, nur nachts geöffneten Blüten, die zum Färben von Speisen und zur Bereitung von ätherischem Öl dienen.

55: *Indischer Flachs* (englisch jute, bengali jūto »die Haarflechte«; corchorus olitorius). Die Faser wird zur Erzeugung von Matten und groben Sackleinen, Jute, verwendet.

56: *Rāmachandra.* Das Wort chandra wird oft an Namen angefügt, um die Schönheit auszudrücken. Der Retter der Welt, der triumphierende Dämonentöter, der rührendste Dulder, in den sich Vishnu bei seiner siebenten Herabkunft verwandelte. Rāmas vierzehnjährige Verbannung mit seiner Gattin Sitā wird im zweiten und dritten Gesange des Rāmāyana geschildert.

71: *Ganesh* (Sanskrit Ganeça »der Anführer des Gefolges« Shivas, als dessen Sohn er gilt). Er wird oft mit seinem Bruder, dem Kriegsgott Skanda verehrt. Er ist der Entferner von Hindernissen, die Verkörperung allen Erfolges. Indische Handschriften pflegen mit einer an ihn sich richtenden Verehrungsformel zu beginnen, damit er den hindernden Einfluß böser Dämonen vom Schreiben abwehre: so ist der Schein entstanden, als sei Ganesha eigentlich ein Gott der Wissenschaft. Sein in Indien unendlich verbreitetes Bild zeigt ihn mit einem Elefantenkopf, oft auf einer Ratte reitend.

75: *Madar* (sanskrit mandāra; erythrina indica), Dadapbaum, als Stütze in Pfeffer-, als Schattenbaum in Kaffeeplantagen verwendet. Mit meist scharlachroten Blütentrauben, zur Gattung der Korallenbäume gehörig.

83: *Palankin* Tragsänfte.

89: *Puja* (sanskrit) bedeutet Verehrung überhaupt. Als Fest ist das Durgāpūjā oder Navarātra gemeint, die »Neun Nächte«, beginnt am ersten und endet am zehnten Tag der lichten Hälfte von Āśvina (September-Oktober). Es wird namentlich in Bengal gefeiert als Erinnerung an den Sieg von Durgā, Shivas Frau, über einen büffelköpfigen Dämon. Ihr Bild wird mit zehn bewaffneten Armen dargestellt, ihr rechter Fuß auf einem Löwen ruhend, ihr linker auf dem Büffeldämon. Nach neuntägiger Verehrung wird dieses Götzenbild am zehnten Tage ins Wasser gestürzt.

Näheres vgl. Monier-Williams, Brāmanism and Hindūism or Religious Thought and Life in India. London, 1891.

Die Gedichte 2, 3 und 9 sind mit den Gedichten 60–62 der Sammlung »Gitanjali« identisch.

Es scheint mir wichtig, zu betonen, daß die englische, von Tagore selbst geschaffene Form als die beste europäische Mittlerin seiner Gedanken und Gefühle zu gelten hat. Selbst die Kunst eines Rückert könnte uns die Umdichtung aus dem bengalischen Urtext nicht so nahebringen, wie eine möglichste Nachbildung der englischen Umdichtung uns rühren kann.

Bei den Anmerkungen danke ich wieder vieles der Freundlichkeit des Berliner Sanskritisten, Herrn Professor Heinrich Lüders.